HISTOIRE

COMPLÈTE DE

VIDOCQ

ET DES

principaux scélerats qu'il a livré
à la justice.

TOME II.

PARIS,

RENAUD, ÉDITEUR,

1842

Extrait du Catalogue.

OUVRAGES DE M. DE BARANTE.

HISTOIRE DES DUCS DE BOURGOGNE de la Maison de Valois,

HISTOIRE

COMPLÈTE

DE VIDOCQ.

Imp. de MOQUET et HAUQUELIN,
r. de la Harpe 90

HISTOIRE

COMPLÈTE DE

VIDOCQ,

d'après

Les propres documents et mémoires de cet homme extraordinaire.

TOME SECOND.

PARIS,

RENAUD, ÉDITEUR.

1842.

HISTOIRE

DE VIDOCQ.

Arrivé hors de la ville, Vidocq s'éloigne dans la campagne, sans projet arrêté. Vers la fin de la journée, il arrive en face d'un homme armé d'un fusil, qu'il prit d'abord pour un chasseur; mais un pistolet qui sortait de sa poche, lui fit ensuite penser que c'était un de ceux qui cherchaient les forçats évadés. Maîtrisant son émotion, il s'approche et lui demande la route d'Aix; l'inconnu s'informe si c'est par la traverse ou par la grande route presque toujours garnie de gendarmes. A ces mots, Vidocq pâlit, son interlocuteur s'en apercevant, le rassura, et lui offrit de le conduire lui-même au village de Pourrières, près d'Aix ; d'abord il le fit entrer dans un fourré voisin, où il lui recommanda de l'attendre, et reparaissant au bout d'une heure, il vint le chercher pour le conduire vers une maison, à cinquante pas de la lisière du bois, et devant laquelle étaient assis des gendarmes. A cette vue Vidocq tressaillit ; mais son guide lui dit, en lui présentant des pistolets : « Si vous vous méfiez de moi, voilà de quoi vous défendre. » Vidocq les refusa ; satisfait de sa confiance, l'inconnu le fit cacher avec lui derrière des broussailles. A la tombée de la nuit, une malle-poste parut sur la route avec une escorte de quatre gendarmes, qui furent relevés par ceux dont l'aspect avait tant effrayé Vidocq. Dès qu'elle eut disparu, son compagnon lui dit: «Partons, il n'y aura rien à faire aujourd'hui;» et sans d'autres explications ils se mirent en marche pendant une heure, et ne s'arrêtèrent que près d'un arbre, que l'inconnu examina attentivement, puis, avec l'expression du contentement, il s'écria:«C'est bon!» Tout cela était impénétrable pour Vidocq, qui n'en accepta pas moins avec satisfaction sa part de quelques provisions, que son guide tira de son bissac. En ce moment, l'horloge d'un village sonna trois heures; le guide fit asseoir Vidocq près de lui, sur la terre, en lui recommandant de prêter une grande attention; ils entendirent les pas de plusieurs hommes, et les mots: qui vive? « Ce sont les Polonais, dit le guide, ne bougeons pas, ou nous sommes perdus.» En effet, c'était une' patrouille qui cherchait le compagnon de Vidocq. Dès qu'elle se fut éloignée sur l'ordre de son chef, qui ne se croyait pas si près de l'homme qu'il poursuivait, celui-ci dit à Vidocq d'armer ses pistolets et de faire feu du côté des soldats qui continuèrent leur retraite dans la crainte d'une embuscade. Vidocq et son guide en firent autant dans une autre direction, et dès que le jour parut, ils arrivèrent près d'une petite maison isolée, dans laquelle ils entrèrent mystérieusement. Dans la première chambre, des vêtements de femme étaient placés sur une chaise auprès d'un lit, d'où partait un ronflement assez fort; on voyait un baril de poudre dans un coin et des cartouches sur une planche. Pendant que Vidocq jetait un coup d'œil rapide sur tous ces objets, son guide étalait sur une table quelques provisions auxquelles ils firent honneur avec un grand appétit; il le conduisit ensuite dans un grenier où il l'engagea à se reposer sur de la paille, et il se retira. Lorsque Vidocq s'éveilla, il jugea à la hauteur du soleil qu'il était plus de midi. Avertie par ses mouvements, une paysanne leva la trape du grenier, et lui recommanda de ne pas bouger, parce que l'on voyait dans les environs des gendarmes qui furetaient de tous côtés. Vers le soir, l'homme de la veille vint le trouver, et lui adressa diverses questions sur sa condition et sur sa position. Vidocq se dit déserteur du vaisseau l'Océan, et dans l'intention de gagner Aix, et de là son pays. C'est bon, lui dit son

hôte; quant à moi, je vous confie-
rai que je fais partie d'une troupe
de conscrits réfractaires, sous les ordres de Roman et des frères Bisson.
Dans notre pays on est brave, mais
on n'aime pas à être soldat par force; au surplus, nous ne manquons
de rien, et quand les gendarmes
nous font la chasse, les avertisse-
ments et les secours des paysans ne
nous font pas faute, et dans les escar-
mouches qui ont eu lieu, s'il y a
eu quelques hommes tués, c'était
autant d'un côté que de l'autre.
Soyez des nôtres, vous ne pouvez
mieux faire. Vidocq, sans plus son-
ger aux conséquences de la proposi-
tion, l'accepta; fut armé, dès le lendemain, d'une carabine et de deux
pistolets, et se mit de nouveau en
route avec son compagnon, à travers

des montagnes couvertes de bois. Ils rencontrèrent dans la journée une cinquantaine d'individus réunis autour de la maison du chef Roman. Vidocq fut présenté par son guide, et admis, à sa recommandation, avec de grands témoignages de satisfaction et de confiance. Dès le lendemain, il fut désigné avec six hommes pour aller attendre près de la grande route la diligence de Nice, mais ils revinrent sans avoir rien tenté, l'escorte qui l'accompagnait leur ayant paru trop forte. Dès lors il sut à quoi s'en tenir sur la société dont il faisait partie : c'étaient tout simplement des voleurs de grand chemin ; sa qualité de forçat rendait sa position des plus périlleuses. Dans les perplexités qu'elle lui donnait, et après avoir passé en revue divers moyens d'en sortir, il s'avisa de sonder son premier compagnon sur la possibilité d'obtenir quelques jours de congé ; mais celui-ci lui fit une réponse fort sèche, et lui dit qu'une telle faveur ne s'accordait pas à un nouveau venu à peine connu.

Vidocq dut se résigner à attendre une autre occasion de quitter une situation aussi compromettante pour lui, lorsqu'une nuit que l'excès de la fatigue l'avait plongé dans un profond sommeil, il fut réveillé par un bruit extraordinaire que faisait un homme de la troupe à qui on venait d'enlever sa bourse. Les soupçons tombèrent sur Vidocq dont on n'avait pas encore reçu de gages de fidélité ; en vain protesta-t-il de son innocence, il fut décidé qu'on le fouillerait, et à cet effet on commença à le déshabiller, ce qui amena la découverte de la marque des galères empreinte sur sa chemise. Un forçat !..... s'écria Roman, un forçat parmi nous !..... ce ne peut être qu'un espion..... qu'on le fusille à l'instant. Les fusils furent armés sur-le-champ. Un instant... commanda le chef ; il faut auparavant qu'il rende l'argent...

Vidocq, profitant de ce court répit, demanda un entretien particulier, qui lui fut accordé. On s'attendait à des aveux de sa part, mais il affirma au contraire qu'il n'était pas coupable, et sollicita une épreuve qui consistait à faire tirer à la courte-paille tous les hommes présents. Le chef s'y décida, et recommanda qu'on fit bien attention et que le brin le plus long désignerait le voleur. On procéda à l'opération, et le fétu le plus court fus rapporté par un autre que Vidocq. Cette démonstration l'acquittait complètement ; les pailles étaient toutes de même longueur, et l'individu avait raccourci la sienne, et s'était ainsi vendu lui-même.

L'innocence de Vidocq était évidente, mais il n'en fut pas moins exclu de la troupe comme forçat. « C'est un malheur, lui dit Roman, mais vous sentez qu'ayant été aux galères…», et sans achever, il lui mit quinze louis dans la main, avec force recommandations de ne rien divulguer de ce qu'il avait vu, avant 25 jours. Vidocq le promit et tint parole.

Tandis qu'il s'applaudissait d'être sorti de cette situation épineuse, et d'une association plus fatale pour lui que pour tout autre, en raison de ces antécédents, la résolution d'éviter désormais les voies du crime prit chez lui une force nouvelle. — Tout lui commandait de s'éloigner de plus en plus ; il pressa le pas, et évitant les grandes routes, il arriva aux environs d'Orange, où il rencontra des rouliers provençaux suivant la même direction que lui. La conversation s'engagea entre eux, au point qu'il leur déclara qu'il était déserteur, et qu'il réclama leur assistance pour éviter les gendarmes. — La demande parut toute simple, car à cette époque, et surtout dans le Midi, il ne manquait pas de braves qui fuyaient les drapeaux. — Les rouliers, touchés d'ailleurs par quelques pièces d'or qui se faisaient voir dans les mains de Vidocq, l'abritèrent de leur inviolabilité, et en un instant il fut installé dans leur service, affublé d'une blouse, et décoré de rubans et de bouquets, joyeux insignes d'un débutant dans la profession. — Ce fut ainsi qu'ils arrivèrent de compagnie à Lyon, mais la bourse de Vidocq était vide par suite des libations dont il avait fait les honneurs le long de la route à ses protecteurs.

Il s'en sépara, et alla souper dans une gargote; en prenant son frugal repas, il songeait à trouver un gîte pour la nuit, et s'adressa, pour s'en faire indiquer un, à un juif qui était avec sa femme à la même table que lui, et dont l'entretien semblait annoncer qu'ils tenaient des chambres garnies. Il ne s'était pas trompé; ces gens logeaient, et ils l'emmenèrent avec eux, rue Thomassin. Six lits garnissaient le local dans lequel on le fit entrer; aucun n'était occupé quoiqu'il fût dix heures, et il s'endormit dans la persuasion qu'il passerait cette nuit tout seul. Mais le lendemain à son réveil, il entendit parler argot par plusieurs individus qui étaient venus pendant son sommeil se placer dans les lits voisins. Par leurs propos, il comprit qu'ils regrettaient d'avoir échoué dans une tentative de vol chez un orfèvre. — Sur un signe d'un des interlocuteurs qui remarqua près d'eux un inconnu, la conversation cessa, mais c'était trop tard. Cependant Vidocq, par son immobilité, voulait faire croire à son sommeil, lorsqu'un des causeurs s'étant levé, le reconnut pour le nommé Neveu, forçat évadé du bagne de Toulon ; un second quitta le lit, c'était un autre forçat nommé Cadet-Paul : ainsi de suite pour tous les autres, qui, à leur tour, reconnaissant Vidocq, s'écrièrent en chorus, et avec une suprise mêlée de plaisir : « C'est Vidocq !» On l'entoure, on le félicite de son évasion, puis

toute la société l'emmène déjeuner aux Brotaux, où se rencontrèrent d'autres gens de la même espèce qui le comblèrent également de prévenances empressées, lui procurèrent, outre les objets indispensables, jusqu'à une maîtresse. Vidocq cependant hésitait à s'associer à leurs entreprises, et dès-lors il leur devint suspect. Ne voyant plus en lui qu'un témoin importun qui pouvait les dénoncer, ils prirent l'avance, et il fut arrêté en sortant de chez la fille Adèle Ruffon, et conduit à la prison de Roanne. Dès les premiers mots de son interrogatoire, il reconnut qu'il avait été vendu, et dans la fureur où le jeta cette découverte il prit un parti violent, qui fut en quelque sorte son début dans une carrière nouvelle. Il fit demander à M. Dubois, commissaire-général de police,

un entretien particulier. — Amené
dès le soir même dans son cabinet,
il lui expliqua sa position, et lui proposa de le mettre sur les traces des
frères Quinet, assassins de la femme
d'un maçon, et de plusieurs autres
voleurs marquants, qui se cachaient
dans Lyon, ne réclamant pour prix
de ce service, que de pouvoir quitter
Lyon en liberté.

M. Dubois, dupé en maintes circonstances par de pareilles promesses, hésitait à les accepter; pour
le déterminer, Vidocq lui offrit de
revenir volontairement à la prison,
s'il réussissait à s'échapper, et sous
la seule condition qu'aucune recommandation particulière ne serait faite
à son égard. Le commissaire accéda
à tout, et Vidocq fut remmené vers
la prison; mais, dans le trajet il renverse les deux estafiers qui le tenaient

sous les bras et regagne à toutes jambes l'hôtel de ville, où M. Dubois, fort surpris, mais pensant alors pouvoir compter sur lui, permit qu'il se retirât en liberté.

Vidocq retourna au logement du juif, qui lui apprit que tous ses amis logeaient à présent à la Croix-Rousse, et il se hâta de se rendre au milieu d'eux. Il en fut de nouveau fêté, sans qu'on eût soupçon de ses relations avec la police ; mais en même temps qu'il lui transmettait des renseignements, il se fit de nouveau arrêter, et bientôt Vidal, le juif Cafin, Cadet-Paul, Deschamps et Neveu vinrent le rejoindre en prison. Ce dernier conjecturait la participation de Vidocq à l'événement ; mais, d'après ses protestations, il changea d'opinion.

M. Dubois les fit venir tous, ainsi

que Vidocq, dans son cabinet, sous prétexte d'être interrogés, et annonça à celui-ci que les nommés Jalier, dit Boubeaux; Douthey, dit Cadet, Buchard, Mollin, dit le Chapellier, Marquis, dit Main-d'or, etc., venaient d'arriver de Paris à Lyon, avec l'intention non douteuse d'y commettre des vols; mais que les papiers en règle dont ils étaient munis présentaient à la police des difficultés embarrassantes qu'il désirait déjouer.

Vidocq n'en connaissait aucun, et avait besoin de les voir pour les sonder, et découvrir s'ils ne se cachaient pas sous des noms empruntés. Il fut donc convenu qu'on le ferait sortir le lendemain après avoir toutefois combiné les précautions nécessaires pour qu'une mise en liberté aussi brusque et une nouvelle

incarcération probable n'éveillassent
pas les soupçons des autres détenus
qui, dans ce cas, l'auraient infailli-
blement sacrifié à leur vengeance,
comme cela arrive toujours en pareil
cas dans les prisons, quelles que
soient les conséquences qui puissent
en résulter. Il était bon que Vidocq
eût un second pour l'assister dans
ses investigations. Neveu fut choisi,
et consentit à s'adjoindre à lui pour
servir la police. Ils se concertèrent
ensemble, et mirent la justice à por-
tée de faire main-basse sur la bande
entière nouvellement débarquée,
au moment où, réunie dans l'église
Saint-Nisier, elle s'apprêtait à déva-
liser les fidèles assemblés pour entendre l'office. Neveu, dont on n'a-
vait plus besoin, fut remis en prison;
quant à Vidocq, il partit pour Paris,
protégé par M. Dubois. Dans le tra-

jet, il faillit encore une fois être arrêté, victime, cette fois, d'une mé-
prise des autorités d'une petite ville ;
mais l'erreur cette fois ayant été
promptement reconnue , il arriva
sans autre accident à Paris, d'où, ne
jugeant pas à propos d'y séjourner,
il repartit de suite pour Arras, et il y
parvint heureusement.

Vidocq, préservé par son adresse
et par quelques velléités au retour
des bons principes, n'était point encore prêt à voir s'ouvrir pour lui cette
ère nouvelle qui devait enfin donner
du repos à son existence tourmentée.
Il avait encore bien des vicissitudes
à traverser avant d'atteindre le port
où la société lui accorderait indul-
gence et pardon de ses fautes en
compensation des services qu'il devait lui rendre.

Arrivé au lieu de sa naissance, la

prudence ne lui permettait pas d'aller se jeter sans contrainte dans les bras des auteurs de ses jours. Il descendit donc chez une de ses tantes qui la première lui donna la funeste nouvelle de la mort de son père. Sa mère lui confirma ce triste événement, dont elle le dédommagea autant que possible par des témoignages de tendresse, qui formaient un heureux contraste avec les traitements affreux qu'il avait éprouvés depuis deux ans. Malgré son désir de le conserver près d'elle, elle dut se résigner à le voir eucore constamment se dérober aux regards. Pendant trois mois, il ne quitta pas la maison, mais cette captivité finit par tant lui peser, qu'il se hasarda à sortir tantôt sous un déguisement, tantôt sous un autre.

Le bruit de son séjour à Arras

éveilla l'autorité ; ses agents le cher-
chèrent dans la maison de sa mère,
mais ils ne purent découvrir la retraite qu'il s'y était ménagée. Cet
éveil ne l'intimida pas ; le carnaval
étant arrivé, il reprit ses excursions
pendant l'une desquelles un sergent
de ville le rencontra et lui demanda
son nom. Plutôt que de répondre,
Vidocq préféra se débarrasser de lui
et de son compagnon en les culbu-
tant tous les deux ; puis il s'enfuit
vers les remparts. Dans sa course, il
s'égare et tombe dans un chemin
sans issue. On l'y poursuit, mais
l'obscurité le favorisait. Une clef,
dont il menace les agents, leur semble une arme offensive ; la peur les
arrête. Vidocq, sauvé, rentre chez sa
mère. Cependant, on lui fit quitter
Arras avec une pacotille de den-
telles, et muni d'un passeport em-

prunté à un ami, il se rendit à Paris,
et logea dans un hôtel, rue Saint-
Martin. Un commis du commerce le
plaça chez une marchande de nouveautés à Versailles, qui éprouva
pour lui de sérieux sentiments. Mais
Vidocq les dédaigna, et s'en revint
de nouveau à Arras, recommencer
sa vie occulte, dont il se dédommagea
en cultivant les bonnes grâces d'une
jeune personne. L'amour est peu
discret, et faillit encore une fois livrer Vidocq à ses ennemis naturels,
les sergents de ville ; il ne leur
échappa qu'en se jetant dans la ri-
vière, et en se réfugiant dans un
égoût. Arras avait à cette époque un
dépôt de prisonniers autrichiens, di-
gne trophée de la valeur de nos ar-
mées. Ce fut une ressource pour
l'ingénieux échappé du bagne. Re-
vêtu de l'accoutrement d'un mal-

heureux kaiserlich , il s'en abrita quelque temps ; mais ses imprudences détruisirent bientôt le prestige, et il dut partir pour Rouen avec une femme dévouée à le suivre.

Par une ruse de son invention, il troqua, près des autorités de cette ville, contre un passeport régulier celui qu'il portait, et dont le signalement s'écartait sensiblement du sien; et après une excursion au Havre, il se concentra à Rouen dans le commerce, secondé par sa compagne qui, malheureusement , trahit bientôt après la fidélité qu'elle lui avait jurée. — Il s'ensuivit une séparation, et un partage amiable de leur pécule.

Rejoint alors par sa mère, ils se rendirent ensemble à Versailles, où il commença un commerce ambulant. Tout allait assez passablement,

quand un ancien camarade d'enfance,
qui avait eu à se plaindre de lui, le
dénonça. Il fut arrêté et conduit à
Saint-Denis pour être ensuite trans-
féré à Douai.

Les précautions particulières des
gendarmes chargés de sa translation
n'étaient pas pour Vidocq un obstacle insurmontable ; il était parvenu
à les éluder ; mais une contusion,
résultat d'une chute, fit avorter ce
nouveau succès. Les paysans s'em-
parèrent de lui, et le remirent aux
gendarmes qui le firent entrer dans
la prison de Bapaume.

Un factionnaire en surveillait la
porte ; Vidocq espère le gagner par
l'appât de l'or ; il lui offre 50 francs,
puis 72 francs pour le détourner un
peu de sa faction. Le conscrit marchande, se décide, le laisse passer ;
mais il avait fait signe à ses camara-

des qui accoururent saisir le fugitif,
et le replongèrent dans sa prison.
L'action du soldat était ignoble; Vidocq la signala, et le salaire ayant
été trouvé dans sa poche, le cachot
devint sa récompense.

C'était donc pour Vidocq à recommencer, et il n'attendit pas longtemps. Des conscrits, déposés dans
la prison, devaient être dirigés sur
le camp de Boulogne; profitant de
leur sortie de la prison, Vidocq se
glisse au milieu d'eux, se blottit sur
la civière d'une voiture qui traversait la rue, et ne la quitta que hors
de la ville, pour aller au milieu d'un
champ de colza attendre le retour
de l'obscurité. Alors il enfourcha la
route de Boulogne, où il fut bientôt
arrivé. Un moment l'idée lui vint
de s'enrôler sérieusement dans un des
corps de la garnison; mais il eût fal-

lu pour cela plusieurs papiers qui lui manquaient. Le hasard lui envoya une ancienne connaissance, Artésien de naissance, qui depuis longtemps aux colonies dans le service de la marine, venait de revenir en France, et ignorait entièrement toutes ses aventures.

Dans l'effusion d'une station au cabaret, il se détermina, poussé par les conseils de son compagnon, à s'enrôler dans l'équipage d'un corsaire qui allait partir pour croiser sur les côtes d'Angleterre. Dans la première affaire, un brick fut pris à l'abordage, mais le capitaine, ainsi qu'un nommé Lebel, caporal de canonniers, restèrent parmi les morts. Par un singulier hasard la ressemblance de cet homme avec Vidocq était si frappante qu'elle avait fréquemment donné lieu aux plus sin-

gulières méprises. Se rappelant qu'il
avait des papiers fort en règle, Vidocq s'en empara sans être vu de
personne, et lorsqu'il fut rentré à
Boulogne, il prit du service dans
l'artillerie, sous le nom de Lebel dont
le grade lui fut accordé. Une indis-
crétion le perdit encore une fois ;
la gendarmerie s'empara du faux
Lebel, et le conduisit, en sa qualité
de Vidocq, de prison en prison, jusqu'à celle de Douai, où il fut re-
connu à l'unanimité. Cependant le
procureur-général lui promit de
concourir à lui faire obtenir sa grâce;
mais il fallait subir de longs délais,
et comme dans l'intervalle le départ
de la chaîne pouvait être ordonné,
Vidocq préféra tenter une nouvelle
évasion et elle eut bientôt lieu ; il
s'échappa par une fenêtre non grillée
qui donnait sur la Scarpe ; la nuit le

favorisait; il gagna à la nage la rive opposée, et courut se cacher chez un de ses parents à Hersin. Certain que la police était sur ses traces, il crut prudent de quitter promptement le pays. Paris seul pouvait lui offrir un refuge ; son parent, possesseur d'un excellent cheval et connaissant à fond les chemins de traverse, l'y transporta sans obstacle. Sa mère vint l'y retrouver, et ils logèrent ensemble faubourg Saint-Denis, ne voyant personne, à l'exception d'un bijoutier, nommé Jacquelin, que Vidocq dut jusqu'à un certain point mettre dans sa confidence, parce qu'à Rouen cet homme l'avait connu sous le nom de Blondel. Ce fut chez lui qu'il rencontra une dame de B..., avec laquelle il se lia intimement.

Annette (c'est le nom que Vidocq

lui donne) était une assez jolie
femme que son mari avait abandon-
née dans le dérangement de ses
affaires, et dont, depuis longtemps,
elle ne recevait plus de nouvelles;
elle lui plut par son esprit, son in-
telligence, son bon cœur, et elle
consentit à l'accompagner dans ses
courses de marchand de nouveautés
ambulant qu'il avait reprises avec
succès. Mais à leur passage à Melun,
on l'avertit que le commissaire de
police songeait à visiter ses papiers,
ce qui l'engagea à suspendre sa tour-
née, pour revenir promptement à
Paris. Il y était à peine rentré qu'il
entend des crieurs annoncer l'exécution capitale de Saint-Léger et de
César Herbaux, l'auteur du faux qui
avait causé tous ses malheurs. Quelques heures après, le cortége se diri-
geait vers la place de Grève. Vidocq,

par un empressement fort naturel,
se trouva sur son passage, et à la vue
de celui qui avait creusé pour lui un
abîme de maux, son indignation ne
céda qu'à sa compassion sur sa triste
destinée.

Vidocq depuis longtemps souhaitait mettre une démarcation absolue
entre le passé et le présent; mais
comme il n'est pas toujours donné à
la police de reconnaître les vraies
dispositions d'un homme placé sous
la prévention d'anciens désordres
qu'il regrette, l'idée qu'il lui serait
interdit de devenir un honnête
homme, le livrait presque au dé-
sespoir.

Annette remarqua son décourage-
ment; ses questions pressantes lui
arrachèrent son secret, sans que jamais depuis il eût lieu de s'en repentir. Il n'eut au contraire qu'à se louer

de l'activité, du zèle et de la présence
d'esprit de cette femme. Il avait besoin d'un passe-port; elle détermina
Jacquelin à lui prêter le sien, avec
des renseignements complets sur sa
famille et ses relations. Muni de ces
instructions, Vidocq se remit voyage,
et parcourut toute la basse Bourgogne, où pendant plus d'un an, à
quelques alertes près, et malgré la
dissemblance de ses traits avec ceux
signalés dans le passe-port, le nom
de Jacquelin fut une égide pour lui.

Il était cependant difficile que
Vidocq, après les stations si multipliées qu'il avait successivement faites dans tant de maisons d'arrêt, au
milieu de voleurs de toutes les espèces, dont beaucoup s'étaient échappés pour se livrer à de nouveaux
brigandages, tantôt dans un lieu, tantôt dans un autre, et qui, ayant ter-

miné le temps de leur détention, étaient rentrés dans la société ; il était difficile, disons-nous, qu'il échappât à la rencontre de quelques-uns des témoins de ses antécèdents ; c'est ce qu'il redoutait le plus, et pourtant ce qui lui arrivait de temps à autre ; dans ce cas, tous les déguisements qu'il prenait, et la dissimulation qu'il mettait en œuvre, ne pouvaient le délivrer de fâcheuses réunions, dont il avait été plus d'une fois la victime.

C'est ainsi que dans une de ses tournées, il ne put éviter, à Auxerre, d'être accosté par un nommé Paguay, voleur de profession, qu'il avait connu à Bicêtre. Pour se débarrasser de lui, il se vit contraint de le dénoncer à la gendarmerie, qui s'en empara. Mais l'inquiétude dont il venait d'être délivré n'était rien auprès de celle que lui inspira le passage, dans la même ville, de la chaîne conduite par le capitaine Thierry et ses argousins, qui se logèrent précisément dans l'auberge où il était descendu. Echappé à ce terrible voisinage, il courut bientôt un nouveau danger.

Paguay, qui lui imputait son arrestation, le dénonça à son tour, et si ce n'eût été la bonne réputation qu'il s'était acquise à Auxerre, depuis qu'il y faisait du commerce, il aurait été immanquablement emprisonné. Mais tout n'était pas encore fini : une lettre d'Annette lui apprit qu'on le cherchait à Paris. Ses inquiétudes le forcèrent à suspendre ses travaux, et à revenir s'ensevelir à Paris dans une boutique de tailleur, dont il acheta le fonds dans la cour Saint-Martin.

Il jouit alors de quelque temps de

tranquillité, et, à force de travail et
d'ordre, son établissement prospé-
rait, lorsqu'un matin il est invité à
venir dans un lieu qu'on lui désigne.
Il s'y rend dans l'attente d'une affaire relative à son état, et trouve
un forçat évadé, nommé Blondy, qui
lui réclame des secours, et à qui il
donne 50 francs. Une autre rencontre aussi désagréable suivit celle-ci :
ce fut celle de sa femme, arrivée à
Paris avec toute la famille Chevalier,
et logeant rue de l'Echiquier. Il crut
acheter leur silence par quelques
largesses appropriées à l'état de dé-
tresse de ces nouveaux venus. En
rentrant chez lui, il apprend que
deux individus sont venus le demander : c'était Blondy, accompagné d'un
aute voleur appelé Deluc. Il se hâte
de leur apporter 40 francs, en leur
faisant observer que leur visite in-

tempestive pouvait lui faire perdre son établissement qui était au nom de sa femme. « Dans ce cas, répondirent-ils en ricanant, tu viendras voler avec nous. » Vidocq était désolé ; mais le lendemain ce fut bien pis. A la tombée de la nuit, Blondy lui apporte de l'argenterie privée, avec injonction de lui remettre 400 francs en échange. Vidocq résiste en vain ; il dut se soumettre à la nécessité. Quelques jours plus tard, il se vit encore obligé, sur leur demande, de mettre en leurs mains la cariole d'osier avec laquelle il avait couru les foires, et quand ils la lui ramenèrent, Vidocq remarqua avec horreur dans l'intérieur, une mare de sang.

Il n'était pas douteux qu'un assassinat avait été commis. Plus intéressé peut-être que les auteurs du

meurtre à en faire disparaître les
traces, il conduisit la voiture dans un
endroit écarté et solitaire, et la brûla.
Enfin excédé par des nouvelles im-
portunités de ces scélérats, Vidocq se
détermina enfin à s'ouvrir à M. Henry,
chef à la préfecture de police, lui dé-
clarant que si l'on voulait tolérer son
séjour à Paris, il donnerait des renseignements précieux sur un grand
nombre de forçats évadés, dont il
connaissait la retraite et les projets.
M. Henry le reçut assez bien, et se
montra disposé à recevoir des révéla-
tions dont il se réservait de juger le
mérite ; mais il ne voulut prendre
aucun engagement.

Vidocq, en proie aux plus cruelles
anxiétés, vit, un matin, son domicile
cerné par la police, et n'échappa que
par une prompte retraite dans une
chambre d'un locataire de la maison,

où il se cacha dans un lit. Il parvint, comme par miracle, à sortir de la maison à travers les agens qui y étaient en permanence, et s'introduisit chez sa femme, où il contraignît Chevalier à lui donner des habits, et à engager son argenterie pour lui en remettre le produit.

Avec cette ressource, il se procura un habit d'invalide et une jambe de bois, et bravant sous ce déguisement les limiers de la police, il retourna rue St-Martin, pour savoir des nouvelles d'Annette. Elle venait d'être avertie ; quant à lui, il était toujours épié. Un mégissier de la rue Tiquetonne le reçut et lui procura un passeport. Une circonstance alarmante empêcha, toutefois, Vidocq de s'en servir. Il découvrit que cet homme se livrait, en société d'un médecin, à la fabrication de fausse monnaie. Il jugea

que cette dangereuse industrie ne
manquerait pas d'être découverte tôt
ou tard, et d'entraîner des poursuites
contre son auteur ; qu'alors le passe-
port qu'il tenait de lui ne pouvait
devenir qu'un instrument de ruine
plutôt que de salut.

Sur ces entrefaites, et comme il se
disposait à s'éloigner de cette retraite,
il fut arrêté, conduit à la Préfecture
de Police, et interrogé par le même
M. Henry, qui se le rappela parfaitement et lui promit d'adoucir sa position ; néanmoins il fut renfermé à
Bicêtre en attendant le premier départ
de la chaîne.

Vidocq regrettait presque d'avoir
réussi dans diverses évasions, qui ne
lui avaient donné, en définitive, que
de courts intervalles d'une liberté sans
douceurs ; il aurait préféré dans tous
les cas retourner à Toulon, plutôt que

d'être de nouveau en butte à la ty-
rannie des scélérats qui ne fraterni-
saient avec lui que sous les plus horribles conditions. A Bicêtre, ses antécédents lui valurent la plus haute consi-
dération de la part de ses codétenus,
qui s'ouvrirent à lui avec toute confiance, sur les moyens qu'ils se pro-
posaient de mettre prochainement en
usage pour s'évader. Mais toute cette
gloire des prisons lui était devenue
odieuse ; il n'éprouvait plus ce senti-
ment de communauté de malheur, qui
autrefois l'avait inspiré ; de cruelles
expériences et la maturité de l'âge lui
révélaient le besoin de se distinguer
de ce peuple de brigands dont il méprisait les secours et l'abominable
langage. Décidé, quoiqu'il en pût ad-
venir, à prendre parti contre eux dans
l'intérêt des honnêtes gens, il écrivit
à M. Henry pour lui offrir de nou-

veau ses services, sans autre condition
que de n'être pas reconduit au bagne,
se résignant à finir son temps dans
quelque prison que ce fût. M. Henry
balança longtemps à livrer sa confiance aux promesses de Vidocq, mais
la précision de ses renseignements le
décida enfin à en référer à M. Pasquier, qui décida qu'ils seraient ac-
cueillis.

On le transféra à la Force, en prenant des mesures pour tromper les
prisonniers sur la nature véritable de
ces dispositions. Vidocq entra, précédé
de sa grande renommée. Loin d'y être
suspect, il laissa s'accréditer le bruit
qu'il était un assassin, et devint un
protecteur et un garant de la sincérité
des détenus, quand elle était suspec-
tée. Tous les condamnés, loin de se
douter qu'il était *mouton*, vinrent lui

faire leurs confidences, et lui rendait compte de tout à la police.

Les talents de Vidocq ne pouvaient demeurer enfouis dans une prison : après vingt-deux mois de *moutonnerie*, le préfet de police, à la sollicitation de M. Henry, consentit à le laisser sortir. De concert avec la police, il s'évada pour ne pas perdre son crédit parmi ses anciens amis. Ils célébrèrent son évasion comme un triomphe. Afin de prouver à MM. Pasquier et Henry sa reconnaissance, Vidocq redoubla de zèle et d'efforts, souvent même au péril de sa vie, dans la perquisition et pour la découverte des malfaiteurs. Ses soins et sa vigilance furent presque toujours couronnés de succès, et si quelquefois ils furent en défaut, c'était moins sa faute que celle des agents qui ne mirent pas la résolution

nécessaire pour l'arrestation d'auda-
cieux scélérats.

Nous allons un instant interrompre
notre récit pour donner au lecteur
qui les lira sans doute avec intérêt,
la narration de quelques-unes des
importantes arrestations que Vidocq
exécutait presque coup sur coup, et
qui donnèrent lieu aux incidents les
plus bizarres ; nous les puisons dans
le propre recueil qui en a été publié
dans le temps.

Depuis près de trois ans un homme
d'une stature gigantesque était signalé
comme l'auteur d'un grand nombre
de vols commis dans Paris. Au por-
trait que tous les plaignants faisaient
de cet individu il était impossible de
ne pas reconnaître le nommé Sablin,
voleur excessivement adroit et entre-
prenant, qui, libéré de plusieurs con-
damnations successives, dont deux

aux fers, avait repris l'exercice du métier, avec tous les avantages de l'expérience des prisons. Divers mandats furent décernés contre Sablin : les plus fins limiers de la police furent lancés à ses trousses ; mais ce fut en pure perte; il se dérobait à toutes leurs poursuites. Ce fut enfin à Vidocq que fut dévolue la tâche de le chercher, de le saisir, si faire se pouvait

Pendant plus de quinze mois il fut à sa piste, mais il ne faisait à Paris que des apparitions de quelques heures, et sitôt un vol commis, il s'éclipsait sans qu'il fût possible de savoir où il était passé. Il redoutait surtout Vidocq comme à peu près le seul dont il était connu, et il l'évitait avec tant de soin, qu'il ne lui laissa pas une seule fois apercevoir même son ombre. Cependant à force de persévérance, Vidocq finit par savoir que Sablin venait de fixer sa résidence à Saint-Cloud, où il avait loué un appartement. On était alors en novembre. Vidocq arriva à Saint-Cloud vers la tombée de la nuit par un temps affreux ; sans prendre le temps de faire sécher ses habits, il prit quelques renseignements , desquels il résultait qu'une femme, dont le mari avait après de 5 pieds 10 pouces était nouvellement emmenagé dans la maison de la mairie ; il était évident que c'était là que se trouvait Sablin. Vidocq passa la nuit en vedette avec un de ses agens devant la maison municipale. Au point du jour, on ouvre, et il s'introduit doucement afin de pousser une reconnaissance ; mais à l'entrée de l'escalier, il entend le bruit de quelqu'un qui descend; il s'arrête, et voit bientôt une femme dont les traits altérés et la démarche pénible, révèlent un état de souffrance.

A son aspect, elle jette un cri, et re-
monte; il la suit, et s'entend annoncer par ces mots prononcés avec effroi:
« Voilà Vidocq! » Un homme était au
lit, il lève la tête; c'est Sablin qui, avant
de se reconnaître, se voit mettre les
menottes. Pendant cette opération, la
femme poussait des gémissements, se
tordait sur une chaise, et paraissait en
proie à une douleur horrible. « Mon
Dieu! mon Dieu! je n'en peux plus, je
me meurs ayez pitié de moi! aie, aie, à
mon secours.» Bientôt ce ne furent plus
que des sons entrecoupés. Il était évident qu'un médecin était nécessaire;
cependant par qui l'envoyer chercher?
deux hommes n'étaient pas de trop
pour garder un gaillard de la force
de Sablin. Vidocq n'osa sortir; il ne
put non plus se résoudre à laisser
mourir une femme. Entre l'humanité
et le devoir, il se rappelle le grand mo

narque faisant auprès de La Vallière
l'office d'accoucheur, et soudain met-
tant habit bas, en moins de 25 minu-
tes, il a donné le jour à un fils super-
be. Il emmaillotte le poupon ; après
lui avoir fait la toilette, et l'ouvrage
terminé, il a la satisfaction de voir que
la mère et l'enfant se portent bien.
Mais une formalité restait à remplir,
l'inscription du nouveau né sur les
registres de l'état civil, et quand elle
fut terminée M⁰ Sablin lui dit : « Ah !
M. Jules, pendant que vous y êtes,
vous devriez bien nous rendre un service. — Lequel ? — Je n'ose vous le
demander.— Parlez, si c'est possible.
—Nous n'avons pas de parrain, auriez
vous la bonté de l'être ? — Autant
moi qu'un autre ; où est la marraine ?
Une voisine fut appelée, et l'on s'a-
chemina vers l'église, accompagné de

Sablin, mis dans l'imposibilité de se sauver, et qui, malgré son chagrin, ne put s'empêcher de témoigner sa reconnaissance. Après un bon déjeûner, Sablin fut emmené à Paris, où il fut condamné à cinq ans de prison. Pendant sa captivité, il trouva non seulement le moyen de bien vivre, mais encore celui de s'amasser aux dépens des prisonniers et de ceux qui les visitaient, une petite fortune ; mais durant ce temps, M.e son épouse, qui aimait ausi à s'approprier le bien d'autrui, fut mise en prison à Saint Lazare. A l'époque de sa libération, Sablin, réduit à l'isolement, alla se distraire dans les jeux, et perdit tout le fruit de ses économies. Deux jours après on le trouva pendu dans le bois de Boulogne, à un arbre de l'allée des Voleurs.

Depuis plusieurs mois, un grand

nombre de vols et d'assassinats avaient été commis dans les environs de la capitale, sans qu'il eût été possible d'en découvrir les auteurs, lorsqu'un nouvel attentat, accompagné d'horribles circonstances, vint enfin fournir quelques indices. Un nommé Fontaine, boucher établi à la Courtille, se rendait à une foire du côté d'Essonne. Il avait dépassé la Cour-de-France, quand, à très peu de distance d'une auberge où il s'était arrêté, il fit la rencontre de deux hommes assez proprement vêtus. Le soleil était sur son déclin; il se vit avec plaisir en compagnie, et engagea aussitôt avec les deux inconnus un colloque dans lequel il ne leur cacha pas qu'allant acheter des moutons, il était porteur d'une assez forte somme. Tout en s'entretenant, le trio arriva à la porte d'une maisonnette servant de cabaret. Fontaine proposa à ses compagnons de s'y rafraîchir, ce qui fut accepté sans difficulté. Après une station de trois heures, pendant laquelle les rasades se succédèrent avec rapidité, on se décide à lever siége ; mais Fontaine avait alors un peu plus qu'une pointe de gaîté, et dans une telle situation quel homme garde de la défiance !

Il marchait en avant avec l'un des inconnus, l'autre les suivait de près ; l'obscurité était complète ; mais le crime a l'œil de lynx ; il perce les ténébres les plus épaisses. Tandis que Fontaine ne s'attend à rien, le bon vivant resté en arrière, le vise à la tête, et lui assène de son gourdin un coup qui le fait chanceler. Surpris, il veut se retourner, un second coup le renverse ; au même instant, l'autre brigand, armé d'un poignard, se précipite sur lui, et le frappe jusqu'à ce

qu'il le croit more. Fontaine s'est longtemps débattu, mais à la fin il a suc-
combé : les assassins s'emparent alors
de sa sacoche, et s'éloignent, le laissant
baigné dans son sang.

Bientôt vint à passer un voyageur;
il entend des gémissements; c'était
Fontaine, que la fraîcheur de l'air
avait rappelé à la vie. Le voyageur
s'empresse de lui prodiguer les premiers soins, et court ensuite demander du secours aux habitations les
plus voisines. Les magistrats de Cor-
beil sont avertis, et arrivent sur le
lieu du meurtre : 28 blessures attes-
tent l'acharnement das assassins. Fontaine cependant peut encore pronon-
cer quelques mots ; il est transporté
à l'hôpital, et deux jours après ; une
amélioration notable se manifeste dans
sa situation, et lui permet de donner
des renseignements. Les magistrats se

rendirent en toute hâte à Paris, et les communiquèrent à Vidocq qui fut chargé de rechercher les assassins. On avait trouvé sur le lieu du crime un morceau de papier qui avait l'apparence d'une adresse tronquée, et sur laquelle on put déchiffrer ces mots : *A M. Rao. bar. Roche. Cli.* Vidocq s'occupa d'abord à deviner le sens de ces mots, et crut pouvoir le rétablir ainsi : A M. R.... marchand de vins, barrière Rochechôuart, chaussée de Clignancourt.

Il dressa ses batteries en conséquence, et il fut promptement convaincu que les soupçons devaient planer sur un nommé Raoul, assez mal famé, contrebandier intrépide, et dont le cabaret servait de réunion à une foule de mauvais sujets. Il en fit surveiller les approches, et donna ordre à ses agents d'examiner si dans le nombre de ceux qui le hantaient, il n'y en avait pas un qui fût blessé au genou. Toutes les dépositions des agents et des voisins se réunissaient pour représenter le domicile de Raoul comme un repaire de contrebandiers, et qu'on le voyait souvent en sortir à la brune pour n'y rentrer que le lendemain, ordinairement excédé de fatigue et crotté jusqu'à l'échine. Les agents de Vidocq lui rapportèrent, en outre, qu'un homme avait été vu chez Raoul, porteur d'un costume pareil à celui désigné par Fontaine; qu'il ne boitait pas, mais qu'il marchait avec peine et qu'il paraissait, ainsi que sa femme dont il était toujours accompagné, fort liés avec Raoul; qu'enfin ils logeaient au premier étage d'une maison rue Coquenard. Cette maison devint l'objet des investigations de Vidocq, et dans une station qu'il fit aux

alentours, il remarqua un individu
que ses agents reconnurent de suite
pour celui en question, et lui, pour
le nomméCourt, dont les antécédents
et la moralité étaient des plus sus-
pects. L'ordre d'opérer son arrestation
en même temps que celle de Raoul
fut donné, et ils furent amenés à la
Préfecture de police; mais ce qui donnait une nouvelle force aux soupçons
qui planaient sur eux, ce fut la sai-
sie opérée au domicile de Raoul, d'une
assignation lacérée en partie, et qui
s'adaptait parfaitement au lambeau
ramassé sur le théâtre de l'assassinat
de Fontaine; aussi dès que Raoul s'était
aperçu que, dans la perquisition de
ses papiers, l'attention des agents se
fixait sur cette pièce, il avait pâli, et
s'était élancé sur ses pistolets qu'heureusement on était parvenu à lui ar-

racher avant qu'il eût pu en faire usage.

Vidocq vint visiter Court dans sa prison, et l'exhorta à faire des aveux qui s'ils ne le sauvaient pas de l'échafaud, devaient au moins lui épargner les tourments et les rigueurs qui seraient probablement le résultat de son obstination à dissimuler ses crimes. Court, vaincu par les discours de Vidocq, perdit insensiblement contenance; mais comme on s'était bien gardé de lui dire de quel crime on l'accusait, il se mit à raconter de lui-même, et en versant des larmes abondantes, qu'il avait en effet assassiné un marchand de volailles, et entra à ce sujet dans tous les détails du meurtre.

« C'est bien, lui répliqua Vidocq, mais ce marchand de volailles n'est pas le seul que vous ayez assassiné, et ce boucher ?..... — Ah, pour celui-là, interrompit le scélérat, Dieu veuille avoir son ame, mais s'il dépose contre moi, je réponds bien que ce ne sera qu'au jugement dernier. » Vidocq le détrompa à cet égard, et finit par obtenir l'aveu que Raoul avait été son compagnon. Celui-ci se défendit avec plus d'opiniâtreté d'avoir participé au crime dont on l'accusait. Dans sa confrontation avec Court, il repoussa même les charges dont celui-ci l'accablait; mais à la suite d'une entrevue qu'on les força de subir avec Fontaine qui les reconnut parfaitement, Court réitéra ses aveux précédents, et Raoul, par sa consternation profonde, n'opposa plus qu'une dénégation tacite de sa participation à l'attentat. Pressés de plus en plus par Vidocq, qui leur représentait qu'ils devaient avoir nécessairement d'autres complices dans leurs nombreuses expéditions, Raoul finit par déclarer qu'ils n'avaient jamais été plus de trois, et que l'autre était un ancien lieutenant des douanes, nommé Pons-Gerard, demeurant dans un village près la frontière de Belgique. Vidocq, après avoir recueilli tous les renseignements qu'il put tirer de ces deux scélérats sur leur associé Pons-Gerard, s'occupa immédiatement de lui, et reçut ordre d'aller l'arrêter.

Déguisé en marchand de chevaux, et suivi de deux agents, il arriva le lendemain au village de la Chapelle, dont tous les habitants lui peignirent Pons-Gerard comme un brigand, l'effroi de tout le canton. Peu accoutumé à reculer devant une entreprise périlleuse, et piqué dans son amour-propre par tout ce qu'il entendait dire de Pons-Gerard, Vidocq voulut

tenter aussitôt l'aventure. Une auberge lui avait été indiquée comme
Je rendez-vous habituel des contrebandiers. Il s'y rend, escorté de ses
deux compagnons, et prenant les
manières d'un homme habitué aux
usages de la maison, il commence une
conversation familière avec la femme
Bardou qui en était propriétaire. En
discourant de choses et d'autres, il
demanda des nouvelles du compère
Gerard, et se fait indiquer sa demeure. Il prend ensuite un prétexte
pour se retirer avec ses deux compagnons, puis quand il est sûr qu'on ne
peut plus les apercevoir, ils se diri-
gent ensemble vers le lieu indiqué.
Chemin faisant, ils aperçoivent d'une
éminence une trentaine d'hommes
occupés à réparer la grande route, et
au milieu de ce groupe un piqueur,
dont la figure et la tournure annon-

çaient que ce ne pouvait être que
Pons-Gerard. Le voyant aussi bien
entouré, la prudence leur commandait des précautions. Après s'être
consultés, ils s'avancent vers les tra-
vailleurs, et Vidocq, se détachant de
ses compagnons, s'approche, de plus
en plus convaincu qu'il a devant lui
son homme, et sans autre préambule,
il lui prend la tête dans ses mains, et
l'embrasse en lui demandant des
nouvelles de sa santé et de sa famille.
Pons, comme étourdi d'un salut aussi
brusque, l'examine et lui demande
qui il est. — « Comment, tu ne me
connais pas? — Non, ma foi. — Je
suis un ami de Court et de Raoul; ce
sont eux qui m'envoient. — Ah! viens
donc que je t'embrasse; mais ce n'est
pas tout, tu dois avoir besoin de te
rafraîchir, ainsi que ces messieurs :

allons à Hirson ; car dans ce fichu pays l'on ne peut rien trouver ; ce n'est qu'à Hirson que nous aurons du in. »

Pons dit adieu à ses camarades, et part avec les nouveaux venus. En marchant côte à côte avec eux, entre autre questions, il dit à Vidocq :« Eh! qui est-ce qui t'amène dans ce pays ? ferais tu la *maltouse*, par hasard ? — Comme tu le dis, mon homme ; je suis venu ici pour faire passer en fraude une bande de chevaux, et j'espère que tu me donneras un coup de main. — Ah! tu peux compter sur moi, lui protesta Pons. » Et puis la conversation étant revenue sur Court et Raoul, Vidocq lui dit qu'il craignait qu'ils ne fussent actuellement dans l'embarras ; qu'au moment où il les avait quittés, la police avait fait une descente chez eux, et qu'on les avait

interrogés tous trois ; qu'on avait
retenu en prison les deux amis. » —
Qui donc vous avait arrêtés, demanda
Pons, paraissant consterné de l'événement. — C'est ce damné de Vidocq:
— Ah! le gredin! qu'il ne tombe jamais sous ma coupe ; je lui ferai passer un mauvais quart d'heure. —
Eh! tu es comme les autres, s'il était
ici tu serais encore le premier à lui
offrir un coup à boire. — Moi, je lui
offrirais de la m...... plutôt. — Tu lui
offrirais un coup à boire, te dis-je.
— Allons donc, plutôt mourir. — En
ce cas, tu peux mourir quand tu vou-
dras ; c'est moi, et je t'arrête.—Quoi!
quoi! Comment? — Oui, je t'arrête:
tu es servi, et si tu bronches, je te
mange le nez. Clément, mettez les
menottes à monsieur. »

Quand on eut attaché les bras à
Pons, il resta immobile et comme pé-

trifié; sa bouche était béante, sa langue collée au palais, son visage successivement pâle, jaune, livide, offrait toutes les nuances d'un cadavre qui se décompose.

Les gendarmes furent appelés, et ne pouvaient, ainsi que le maire d'Hirson, en croire leurs yeux; ils se confondaient envers Vidocq en actions de grâces. Pons fut amené directement dans la prison où se trouvaient détenus Court et Raoul.

Deux jours après le prononcé du jugement qui condamnait ceux-ci à mort, ils eurent la visite de Vidocq, et au lieu de lui témoigner du ressentiment, ils le reçurent avec joie, et lui demandèrent de les embrasser en lui faisant promettre d'assister à leur exécution. Le jour fixé, il se rendit près d'eux, et reçut de nouveaux témoignages de la satisfaction qu'il leur procurait. Fontaine rétabli de ses blessures, vint également se mêler à la foule des spectateurs; mais sa vue paraissait être pour les condamnés un supplice de plus; Vidocq l'engagea à s'éloigner, et reçut à ce sujet leurs remercîments sur l'échafaud. Court et Raoul montrèrent une égale fermeté; Pons-Gérard, que l'on n'avait pu convaincre de meurtre, fut condamné aux travaux forcés à perpétuité.

LE FORÇAT LIBÉRÉ.

Depuis long-temps Vidocq et sa brigade étaient à la recherche d'un forçat libéré qu'ils avaient déjà arrêté deux fois, et que l'on ne pouvait contraindre à résider dans le lieu où il devait subir sa surveillance. Ce forçat nommé Guillaume (Pierre - Prosper) avait plusieurs fois menacé de se venger de Vidocq, et comme il était homme à tenir parole, Vidocq, voulant le prévenir, lança à ses trousses les plus déterminés d'entre ses estafiers.

Ces messieurs avaient ordre de le saisir mort ou vif; mais, soit mauvaise volonté, soit maladresse, ils ne parvinrent jamais à le rencontrer, et leur chef restait avec ses craintes, lorsqu'un juif, nommé Nathan Caïn, autre forçat libéré, qui avait connu Guillaume au bagne de Brest, se présenta à la police, et déclara que Guillaume, avec qui il était encore lié, lui avait confié qu'il était à la veille de commettre un vol considérable dans les environs de Tournant, département de Seine-et-Marne.

Cette déclaration faite, le juif se retira et promit de revenir aussitôt qu'il saurait que Guillaume serait prêt à exécuter le crime.

Nathan Caïn présumait, d'après quelques mots échappés à Guillaume, qu'il ne serait pas très éloigné de verser le sang; il fit part de ses présomptions à Vidocq, avec qui il eut un entretien à ce sujet; il lui prédit même que, si l'on ne prenait de promptes mesures pour prévenir les attentats qu'il méditait, de braves gens périraient sous les coups de ce scélérat.

Vidocq aurait dû tenir compte d'un pareil avis; mais il était informé que Guillaume avait juré de lui faire passer un mauvais quart d'heure, et probablement il n'était pas fâché de lui laisser consommer quelque forfait qui le débarrasserait d'un ennemi si dangereux, en le conduisant à l'échafaud.

On ne fit rien pour empêcher l'accomplissement des prédictions de Nathan Caïn; aussi celui-ci accourut-il un matin chez Vidocq pour lui annoncer que *l'affaire était faite.*

« —Il y a du sang versé, ajouta-t-il: c'est votre faute, je vous avais averti. Guillaume est capable de tout; il m'a dit qu'il avait tué deux personnes. »

A cette nouvelle, Vidocq se hâta de faire rédiger un rapport qu'il adressa à l'autorité, en sollicitant un mandat contre Guillaume; mais le procureur du roi de Melun avait pris l'initiative, et un mandat, décerné par ce magistrat, arriva dans la journée. Guillaume était prévenu d'un double assassinat; voici le fait :

Guillaume, envoyé en surveillance dans l'arrondissement de Melun, s'était mis à exercer le métier de brocanteur, ce qui lui produisait un débouché facile pour le produit de ses vols, et légitimait ses excursions hors de la commune où il lui était enjoint de résider. Tantôt il était dans un endroit, tantôt dans un autre, et l'on n'en était pas surpris : son genre d'industrie nécessitait ce déplacement.

Dans ses courses, le libéré avait réussi à capter la confiance d'une foule de gens honnêtes ; de ce nombre étaient deux vieillards, le mari et la femme, qui résidaient dans un petit village aux environs de Tournant.

Ces époux passaient pour riches ; on prétendait dans le pays qu'ils thésaurisaient. Guillaume résolut de s'emparer de leurs épargnes, et pour y parvenir, il conçut l'horrible projet de les assassiner tous deux. Ces braves gens, qui voyaient peu de monde, le recevaient quelquefois chez eux ; ils se faisaient même une fête de l'accueillir et de le traiter comme un de leurs amis ; on sait que les campagnards ont l'humeur hospitalière.

Un soir, Guillaume passe devant la demeure des deux époux ; on l'aperçoit, on l'invite à entrer et à se rafraîchir ; il accepte ; on vide avec lui une bouteille, puis on lui fait promettre qu'il reviendra souper. Guillaume sort et revient en effet ; le repas est prêt, on se met à table, on mange de bon appétit ; on boit avec plaisir, on trinque en se portant des santés mutuelles ; au dessert, les hôtes sont heureux d'offrir leur meilleur vin. Guillaume trinque une dernière fois avec eux, puis, saisissant à l'improviste un instrument de mort caché sous ses vêtements, il se précipite sur eux comme un tigre en furie, et ne cesse de frapper ses victimes que lorsqu'il croit qu'elles ont expiré. Après avoir assouvi cette rage de meurtre, il fouille partout pour découvrir de l'or et de l'argent, mais il n'en peut trouver autant qu'il l'espérait ; il se retire mécontent, et pourtant il n'éprouve aucun regret de ce qu'il vient de faire.

Guillaumes; les mains encore fumantes de sang, arrive à Paris et fait confidence de son désappointement à Nathan Caïn.

« — Ils sont morts, dit-il à son ancien camarade, en parlant des deux époux, ainsi je ne redoute rien. Mais où diable ont-ils caché leur argent? Avant de les tuer, j'aurais dû leur arracher leur secret; c'est une leçon; une autre fois je te réponds que je m'y prendrai mieux.

Ainsi Guillaume méditait de nouveaux forfaits; mais la Providence non voulut pas que celui qu'il venait de commettre restât impuni; outre Nathan Caïn, qui déjà l'avait signalé à la police, il se trouvait un témoin qui devait le désigner à la justice humaine. Ce témoin était l'une des victimes, qui, ayant recouvré une lueur passagère d'existence, avait eu la force de le nommer avant de rendre le dernier soupir.

Il restait à s'emparer de ce grand coupable. Le 10 mars 1825, Vidocq eut ordre de le chercher, et il se mit sur le champ à sa poursuite. Il savait qu'une maîtresse de ce monstre habitait Versailles; il avait en outre quelques données sur le signalement de cette femme, qui boitait et s'habillait en paysane; Vidocq pensa que par l'intermédiaire de la maîtresse il arriverait à découvrir l'amant, et peut-être à le saisir chez elle. Il se rendit en conséquence à Versailles avec un de ses agents et sous un déguisement au moyen duquel ils étaient méconnaissables; ils parcoururent ensemble les rues de cette ville, examinant toutes les boiteuses qui se trouvaient sur leur passage; ils en virent plusieurs;aucune d'elles n'était costumée à la mode de la campagne.

Il était probable que celle qu'il leur importait de rencontrer ne résidait pas dans le quartier le plus brillant; ils se mirent donc à explorer les environs de la rue des Bancs et de la Petite Place, et à force de questionner les fruitiers, les bouchers, les épiciers, les cabaretiers, ils apprirent que justement sur la Petite Place restait une boiteuse de la tournure et de la figure de celle qu'ils dépeignaient.

Aussitôt ils allèrent à la maison qu'on leur avait désignée comme sa demeure, mais la boiteuse était déménagée, et l'on ignorait son nouveau domicile ; seulement, comme il ne se passait pas de jour qu'on ne la vit venir, on présumait qu'elle n'était pas allée loin.

Tandis que Vidocq et son auxiliaire étaient à l'affût des renseignements, une de ces commères qui savent tout vint se mêler à la conversation.

— Ces messieurs, dit-elle, demandent la boiteuse?

—Oui, ma petite mère.

—Ah parbleu! que ne vous adressiez-vous à moi, je vous aurais enseigné ça tout de suite; la boiteuse, mon Dieu, je ne connais que ça, c'est cette bancroche qui a toujours un bonnet rond avec un caraco; elle a acheté des harengs à ce matin; si vous voulez, je vous y mènerai tout droit; j'irais chez elle les yeux fermés. Tenez, tenez, il n'y a pas tant d'histoire, c'est ici à deux pas, dans la petite rue Neuve, au second sur le devant, la maison qui fait le coin; si vous désirez que je vous y conduise?»

Vidocq la remercie de son obli-

geance, et, suivant l'indication qui
lui est donnée par cette commère, il
arrive bientôt à la porte de la maison.

Avant de rien tenter, il voudrait
s'assurer si Guillaume est au gîte; ce
n'est qu'un voisin qui puisse le lui
dire; mais il n'y a point de voisin;
il attend que quelqu'un paraisse; enfin une femme descend; il l'aborde
d'un air affable, et du ton le plus dou-
cereux: « — Ma chère dame, dit-il,
pourriez-vous m'indiquer si c'est ici
que reste mon frère, un gros cour-
taud, rustaud, lourdaud, dont l'é-
pouse est affligée d'une jambe?

— Ah! j'y suis, vous êtes le beau-
frère à Marguerite? il ne faut pas le
demander. Dieu! comme la ressemblance est frappante! Ma foi c'est bien
vrai, qui a fait l'un a fait l'autre; al-
lez, il ne peut pas vous renier, c'est
lui tout craché. Montez au second.

Ah! vous êtes le frère au petit père Guillaume?

— Eh oui, je suis son frère.

— Comment, vous êtes son frère! Rien qu'à votre parlé je l'aurais deviné! C'est la porte à gauche, la pareille à celle du fond du corridor... Le père Guillaume! il n'est pas mince non plus. Oh! certainement vous êtes son frère! lui aussi est un fameux pâté.

Vidocq avait appris tout ce qu'il avait besoin de savoir, la bavarde ne se lassait pas de s'extasier. Dans la crainte qu'à la fin ses grotesques exclamations ne donnassent l'éveil à Guillaume, il va se retirer, ou du moins il en fait le simulacre; mais l'officieuse voisine, élevant la voix de toutes ses forces, appelle :

— Marguerite, Marguerite, voilà des messieurs qui demandent ton homme.

Vidocq ne s'était proposé que de faire une exploration, et de revenir

ensuite avec des forces suffisantes;
c'était une simple reconnaissance
qu'il souhaitait effectuer à l'insu de
Guillaume, et Guillaume était averti.
Lui laisser le temps de la réflexion
après ce qui venait de se passer, c'é-
tait lui laisser le temps de s'échapper.
Vidocq qui, sous ses habits, est armé
jusqu'aux dents, se résout donc à l'a-
taquer aussitôt. Il recommande à l'a-
gent qui l'accompagne de se tenir au
bas de l'escalier, puis, rapide comme
l'éclair, il franchit les deux étage, arrive à la porte, l'enfonce par un choc
d'arrière-corps, et s'élance sur Guillaume qu'il aborde en lui portant par
derrière un coup de poignard dans le
flanc gauche. Guillaume, assis devant
une table, était alors occupé à écrire
se sentant frappé, il se saisit d'un couteau qui est auprès de lui ; mais,
accouru au bruit de cette scène,
l'auxiliaire de Vidocq se précipite sur
son bras et le désarme.

Guillaume, affaibli par la perte de son sang, ne pouvait faire une longue résistance; il capitula, et on lui passa immédiatement les menottes.

Un quart d'heure après parurent le commissaire de police et la gendarmerie qu'un voisin était allé chercher. On fit perquisition au domicile de *la boiteuse*; et l'on dressa un procès-verbal. Cette opération terminée, Vidocq fit monter le prévenu dans son cabriolet, et après l'avoir placé entre lui et son agent, il répartit pour Paris.

Guillaume était furieux; le long de la route il ne cessa pas d'adresser à ses gardiens les apostrophes les plus injurieuses.

« — J'ai eu mille fois l'occasion de te tuer, disait-il à Vidocq; combien je regrette de ne l'avoir pas fait! j'aurais purgé la terre d'un fameux scélérat.

—Merci, père Guillaume.

— Il faut n'avoir ni cœur ni âme pour faire le métier que tu fais; un voleur est cent fois plus estimable que toi.

— Tu crois ça?

— J'aimerai mieux être *gerbé à birbe* (condamné à perpétuité) ou envoyé à la *butte* (guillotiné) tout droit, que d'être mouchard et de me déshonorer en faisant arrêter mes semblables.

—Que veux-tu! chacun sa manière de voir; moi, j'aime mieux faire la guerre aux voleurs et aux assassins que de la faire aux honnêtes gens.

— Tu n'assassines pas peut-être.

— Ah! tu veux parler de ton égratignure au côté? ce n'est rien. Je n'égratigne que les coquins; et puis ne vaut-il pas mieux tuer le diable que le diable nous tue?

—Tu m'as pris en traître, sans cela tu aurais passé un mauvais quart d'heure.

— Je m'en doutais.

— Je t'en aurais fait voir des grises.

— C'est bien ; ce sera pour une autre fois.

Ce colloque, que nous abrégeons, ne se termina qu'à la porte de la Conciergerie. Guillaume fut déposé dans cette prison, où, dès son arrivée, l'on sonda sa blessure; elle était profonde, sans être dangereuse. On lui donna tous les soins qu'elle exigeait, et quand il fut complètement guéri, on le transféra à Melun, où il devait être jugé.

LA CONFESSION.

Le procès de Guillaume présenta cette particularité assez remarquable que presque tous les témoins qui y figurèrent étaient des forçats libérés. Leurs dépositions ne révélèrent que trop combien il est dangereux d'établir des peines temporaires avec une infamie perpétuée au-delà de l'expiation. La démoralisation de ces malheureux était devenue si grande, soit par le séjour dans le bagne, soit par les conséquences de la libération, que dans leurs discours les pensées les plus criminelles apparaissaient comme des naïvetés. Guillaume, accablé par le témoignage de ses compagnons de misère et de scélératesse, fut condamné à mort.

Dans la matinée du jour fixé pour l'exécution, un ecclésiastique vint le trouver, afin de l'exhorter au repentir.

— Tu voudrais me graisser les bottes, lui dit Guillaume ; va, je n'ai que faire de toi. Tu peux remporter ton huile ; on me fera assez frire sans que tu tiennes la queue de la poêle.

— Mais enfin, malheureux, reprit le prêtre, songez que je n'ai aucun intérêt à vous tourmenter ; je voudrais au contraire adoucir votre sort.

— Tu es trop bon, je t'en remercie.

— Si votre grâce dépendait de moi, je vous l'offrirais ; mais je ne puis qu'intercéder pour vous auprès du père des miséricordes.

— Tout cela, vois-tu, n'est que de la f.... de pauvre. Écoute, mon abbé, il y a des dévotes dans Melun , tu ferais mieux d'aller leur conter ton conte. Avec moi, ça ne prend pas ; je suis un vieil endurci. S il faut y passer, eh bien ! je mourrai comme j'ai vécu, sans peur et sans remords.

— Vous n'êtes pas aussi endurci que vous voudriez le faire croire ; il y a des grands pécheurs qui se sont convertis.

— Ah ça, sais-tu que tu m'embêtes avec tes sermons. Puisque tu as tant d'envie de faire quelque chose pour moi, donne-moi ta soutane, ta culotte et ton surplis, et reste à ma place ; quand je serais dehors, alors nous verrons,

— Vous demandez l'impossible.

— En ce cas f....-moi la paix.

— Allons, père Guillaume, revenez à des sentiments plus raisonnables; pénétrez-vous de votre position, et réfléchissez aux motifs de ma démarche; je m'expose à vos outrages; est-ce pour mon plaisir? si je n'étais convaincu des vérités de la religion et de l'efficacité de son secours, croyez-vous que je voulusse accepter une mission aussi désagréable que celle que je remplis en ce moment auprès de vous?

— Je ne dis pas non... Mais tiens, veux-tu que je te dise? je n'aime pas les calottins. Ce n'est pas ma faute, ma mère m'a fait comme ça... Tu m'as tout l'air d'un bon b....: je ne t'en veux pas.... Seulement c'est malheureux que tu sois là dedans.

— Vous ne m'en voulez pas, et moi je prie Dieu pour qu'il vous touche et vous pardonne. Je viens avec vous travailler au salut de votre âme.

— Mon âme! Ah ça, tu dis donc que j'ai une âme? je ne l'ai jamais sentie. Mais, vois-tu, je suis bon enfant, fais-moi venir une bouteille de vin avec un morceau de fromage, et nous causerons un peu là-dessus.

Le prêtre, dans l'espoir que Guillaume entendra ses raisonnements, s'empresse de satisfaire à son désir. Le geolier apporta du pain, du vin et du fromage.

— Il n'y a pas de couteau? demanda Guillaume.

— Non répond le geolier, il m'est défendu de vous en donner.

— Tant pis, reprend le condamné, car j'aurais fait l'expérience en présence de M. l'abbé, et il aurait pu se convaincre comme moi....

— De quoi se serait-il convaincu?

— Ça ne te regarde pas, et f....-moi

le camp, puisque tu ne peux nous servir à rien.

L'ABBÉ. Oui, laissez-nous seuls un instant.

LE GEOLIER. Je le veux bien... Mais j'ai diablement idée que vous perdrez votre latin avec le père Guillaume. A vouloir savonner une tête de nègre, comme dit cet autre....

GUILLAUME (vivement). C'est du savon de perdu.... on connaît ça; mais sais-tu ce que j'ai dans le ventre? Si ça me plaît que l'on m'engueuse, c'est-ti toi qui m'empêcheras? Chacun y est pour son écot, chacun en fait à sa guise.... Allons, file, et régale-nous de ton absence: le plus tôt sera le meilleur. Tu devrais déjà être bien loin.

LE GEOLIER (sortant). Tu fileras aussi, va, sois tranquille.

GUILLAUME. Actuellement il n'y a plus que cette gueuse de camisole qui me f..... malheur, je suis emmailloté comme une fille de bonne maison qui à la petite vérole. Je parlais de lui faire une saignée tout à l'heure, je suis un vrai coco ! Enfin n'importe. Si c'était un effet de ta bonté de me faire un peu boire et manger ?

L'ABBÉ (remplissant un verre). Volontiers. (Il le lui présente).

GUILLAUME (après avoir bu). Encore un coup et les paroles couleront mieux. (Il avale un second verre). Une bouchée par là-dessus, et je suis à toi. (Il mange successivement plusieurs morceaux de pain que l'abbé a rompus avec ses doigts). Nom de Dieu, je suis plus heureux que le roi, moi, on m'emboque, c'est de la merde de chien en boulettes..... On m'empâte, mauvais signe, c'est pour me tuer..... Ça m'...........

L'ABBÉ. Il faut se résigner.

GUILLAUME. Je te répondrais bien là dessus; mais t'es trop complaisant, t'es trop gentil pour que je te fasse une sottise, mon abbé. Je te respecte; aussi tu vas voir que je vais causer avec toi très amicablement. Parlons peu, mais parlons bien, et surtout parlons comme des hommes. C'est pas le nombre des paroles qui fait la raison ; si je te manque d'une syllabe, que ce n'est pas mon intention, tu m'en feras apercevoir...

L'ABBÉ. Il faudrait d'abord commencer par ne pas me tutoyer.

GUILLAUME. Si ce n'est que ça... ce n'est pas une offense, je dis *tu*, c'est mon mot, ma coutume, ma marotte ; je tutoie tout le monde : c'est un terme d'amitié. Je tutoierais le père éternel, s'il y en avait un.

L'ABBÉ. Vous ne devez pas douter de l'existence de Dieu.

GUILLAUME. L'Etre suprême ! Ah ! je gobe pas ça, je suis trop bien portant. C'est bon pour les malades et les vieilles femmes. Est-ce que tu gobes ça, toi ?

L'ABBÉ. Je vous prie de ne pas ou-

blier le caractère dont je suis revê-
tu.... Il me semble qu'il vous en coû-
terait peu de dire *vous*.

GUILLAUME. Eh bien ! appelle-moi
toi, ça fera partie et revanche, et nous
serons quittes. Mais j'en reviens à nos
moutons. T'opines donc pour qu'il y
ait un Etre suprême ?

L'ABBÉ. Il existe un Dieu.

GUILLAUME. C'est pas mot d'évangile.

L'ABBÉ. Au contraire, l'évangile nous
enseigne qu'il faut l'adorer, l'aimer
et le craindre.

GUILLAUME. Adorer, ça me passe,
aimer ce n'est pas mon fort ; pour ce
qui est de craindre, je ne crains personne.

L'ABBÉ. Craindre Dieu n'est pas une
faiblesse.

GUILLAUME. Ah ça pas de bambo-
che, entre nous autres filles il n'y a pas
de garçon. Tu n'as pas peur que je te
fasse un enfant ; nous sommes entre

quatre-z-yeux, entre quatre murs, pas de risque qu'on t'entende, par ainsi tu vas t'expliquer avec moi comme si j'étais de la manicle.

L'abbé. Qu'est-ce que cela signifie, de la manicle ?

Guillaume. Comme si j'étais de l'état. Là, n'est-ce pas bien difficile à comprendre? Devant des confrères tu ne te gênes pas; prends que je suis un confrère. Finalement en définitif, ne va pas me chercher midi à quatorze heures. Mettrais-tu ta main au feu qu'il y a un Père éternel ?

L'abbé. De saints hommes ont souffert le martyre pour lui.

Guillaume. Tu t'écartes de la question, ce n'est pas ça que je te demande. Allons, voyons, fais comme moi, je n'y vais pas par quatre chemins : y a-t-il un Père éternel ? réponds *ad rem*, que ça soit du oui ou du non.

L'abbé. Il y a un Créateur.

Guillaume. Il y a des créatures, voilà qui est certain, et de fameuses, encore ! Mais, dans ton idée, il y a aussi un Créateur, et c'est lui qui est le Père éternel. Je vois ça d'ici ; un vieux avec une longue barbe blanche, des cheveux à l'avenant, et une robe rouge qui lui descend sur les talons, n'est-ce pas.

L'ABBÉ. L'Être tout-puissant est invisible.

GUILLAUME. Alors ce n'est pas celui-là que j'ai vu, ce sera un autre.

L'ABBÉ. Le souverain juge, celui devant qui il nous faudra paraître tous, est à la fois en tous lieux et nulle part. Il n'y a point de forme matérielle ; il pénètre tout, il vivifie tout ; sur la terre comme dans les cieux, rien qui ne soit imprégné de son essence divine. Il est dans la créature sans jamais se confondre avec elle ; il connaît ses plus secrètes pensées, il pèse ses moindres actions ; il voit tout, il entend tout, il sait tout.

GUILLAUME. Je t'y prends là ! s'il sait tout, c'est pas la peine qu'on aille à confesse. Tu ne t'attendais pas à cette botte ! Ah ! c'est que je suis un malin.

L'ABBÉ. Celui qui sonde les cœnrs et les reins n'a pas besoin que nous lui portions la confession du pécheur. Mais sa clémence est promise à la contrition ; reconnaître ses torts et en faire l'aveu sincère, c'est déjà les expier, parce qu'il en coûte de se résoudre à un aveu semblable. C'est donner une première marque de repentir.

GUILLAUME. Moi, je ne me repens que de m'être laissé empoigner. Et puis, ce n'est pas tout ça. À l'heure qu'il est, je t'en avouerais quarante fois plus que je n'en ai fait; à quoi ça me mènerait-il? il n'en serait ni plus ni moins : on ne peut me racourcir qu'une fois, je n'ai qu'un cou à couper. Après, qu'on en fasse des choux, des raves, ça m'est égal. Quand tu me donnerais trente-six absolutions, j'en serais-t-il plus avancé? ça m'empêcherait il *d'être gerbé à la passe* (guillotiné). Ah ! sac à papier, mon abbé, il y a une vérité ; elle est bien grande, celle-là : *péché caché est à moitié pardonné !* A moitié, c'est tout-à-fait, il est bon enfant, le proverbe ! Va, si la vieille bête que j'ai mal tuée n'avait pas jasé ! Faut-il que j'aie eu la main malheureuse à ce jour-là ? Je te réponds qu'au jour d'aujourd'hui on ne me chercherait pas des poux à la tête, et que je continuerais mon petit train – train de vie paisiblement.

L'ABBÉ. Comment, père Guillaume, osez-vous exprimer de pareils regrets ! Songez donc que les gouffres de l'enfer vont s'ouvrir ; c'est la damnation pour l'éternité, ce sont des supplices sans fin. Je vous en conjure, il en est temps encore, faites un retour sur vous-même, prenez pitié de votre âme.

GUILLAUME. Ah ! c'est ça, mon

âme; il veut toujours que j'aie une âme, cet homme-là. Pourquoi que j'en aurais une plutôt que toi? pourquoi qu'on m'aurait fait cette préférence? C'est-i parce que je suis un assassin? Ce serait joli, qu'il n'y ait que les assassins qui aient des âmes!

L'ABBÉ. Vous extravaguez.

GUILLAUME. J'extravague! mettons que j'extravague. En attendant, je veux bien avoir une âme pour te faire plaisir. Ça te contrarie que je n'en aie pas? eh bien j'en ai une; es-tu content à présent?

L'ABBÉ. J'aimerais mieux que vous n'en eussiez pas.

GUILLAUME. Ah! mais dis donc, est-ce que tu es comme les jolies femmes? serais-tu capricieux par hasard? Parce que je veux ce que tu veux, tu ne veux plus ce que tu veux! il me paraît que c'est b... difficile de faire à ton idée.

L'ABBÉ. Je ne puis entendre plus

longtemps un pareil langage, père Guillaume ; je vous préviens que je vais me retirer.

GUILLAUME. Allons, ne te fâche pas. Nous en étions sur l'histoire de l'âme ; moi, je n'ai pas étudié votre sacrée théologie, je n'y ai jamais mis le nez ; mais sans avoir été au séminaire, on peut savoir de quoi il retourne. A moins de vivre avec des ours, il faut toujours qu'on entende parler, si ce n'est l'un, c'est l'autre. Dans mon jeune temps, que c'était avant la révolution, il était fortement question que nous avions une âme ; depuis il m'en est revenu quelques revenez-y, et ça m'a souvent interloqué de penser que c'était peut-être vrai. Ca me refichait tellement, que je me suis dit : c'est bon, je tirerai ça à clair à la première occasion ; je *faisais* déjà *l'escarpe* (j'assassinais) ; j'ai commencé de si bonne heure ! Quand on fait l'escarpe, et

qu'on n'est pas encore bien rompu
là dedans, il y a des moments où ça
vous chiffonne, surtout dans la nuit, si
l'on n'y voit goutte. J'étais si simple
que ça me tracassait. Si j'ai une âme et
qu'ils aient une âme, songais-je en
moi-même, il se pourrait bien que
ça ne se passe pas comme ça. Une
fois qu'un homme s'est fourré dans la
tête ces bétises-là, il ne vaut pas une
claque, ça lui casse les bras et les
jambes ; il n'est bon à rien, ce n'est
plus un homme. Tel que tu me vois,
je me suis fait plus de quatre fois vio-
lence pour conserver mon énergie.
Il n'y a rien de tel que de se faire une
résolution, puis l'on part du pied
gauche, et en avant, arrive qui plante,
nom d'une pipe, c'est des choux. T'as
bien vu mourir des gens, puisque
c'est toi qui ambobine les patiens ;
certainement t'a vu, mais tu n'as pas
regardé. Eh bien ! moi, j'ai regardé ;
on n'a pas des yeux pour ne pas s'en
servir.

L'ABBÉ. Mon Dieu père Guillaume, où voulez vous en venir avec ces préludes ?

GUILLAUME. Patience, je vas te couper court : fais bien attention à mon raisonnement. Une fois, c'était du côté d'Essonne, aux environs de Sainte-Aldegonde ; je m'étais introduit dans un château. Sur le coup de minuit, minuit et demi, une heure du matin, je présume que tout le monde dort ; je sors de ma cachette, c'était un recoin, dans un grenier, où je m'avais tapis comme un loup, et je descends pour faire mon ravage. D'abord, en traversant une première pièce, je t'escoffie l'homme et la femme dans le même lit, et j'adresse si bien que dans les deux il n'y en a pas un qui se réveille pour donner l'alarme à l'autre.

L'ABBÉ. Malheureux, vous me faites frémir.

GUILLAUME. C'en est deux de tués, voilà qui est bon ; je continue, et j'en

6

descends cinq à la file en un rien de temps. Ah! b...., il n'y avait pas à s'amuser; aussi je ne m'amusai pas, à peine si tu aurais eu le loisir de dire un *de profundis* qu'ils étaient déjà tous *ad patres.*

L'ABBÉ. Quelle rage de tigre!

GUILLAUME. C'en est sept de morts, voilà qui est bon, je me doute que je suis le maître. J'avais sur moi un briquet et une chandelle, j'allume et je me prépare à faire l'inventaire après décès; ne voila-t-il pas qu'en revenant sur mes pas pour m'assurer que personne ne bouge, j'entends qu'on rencotte; je prête l'oreille, on gémille, on se plaint: *Aïe! Aïe! mon Dieu! au secours!* La voix change de place, je marche sur la voix; qui est-ce que j'aperçois? un de mes matins qui se traînait sur le plancher en se débattant des pieds et des mains tant qu'il pouvait; il se baignait dans son sang; je lui avais défoncé la poitrine avec ma hache, j'étais bien sûr qu'il ne s'en réchapperait pas, puisque ses entrailles étaient à jour, et que je voyais les battoufflements de son mou... Il en a pour son compte, me suis-je pensé, voilà qui est bon ; mais le gredin, il faut qu'il ait l'âme chevillée dans le corps. Quand je dis l'âme, c'est une façon de parler ; n'importe, je réfléchis que si quelqu'un en avait une, c'était celui-là, elle tenait comme pége ; elle devait être de la première volée ou pas du tout. Je n'avais jamais rencontré un sujet qui eût la vie aussi engrenée sur lui. Enfin pour te rachever, mon brave abbé, j'ai voulu en avoir l'âme nette, et pénétrer un peu ce que c'était que cette fichue polissonne de vie qu'il avait si dure.

L'abbé. Vous êtes donc bien féroce, pour aimer à vous repaître de semblables horreurs ?

Guillaume. Laisse-moi te défiler mon chapelet, après tu défileras le

tien: chacun son tour. Je ne mange
pas de bouts de chandelle, mais je sais
où on la met; je fouille dans une ar-
moire, et j'en trouve un paquet, j'ôte
l'enveloppe, je les allume toutes, et
je fais dans la chambre un luminaire,
comme j'en ai vu à la Pâque chez ce
traître de Nathan Caïn, que je croyais
un ami. Il faisait clair comme en plein
jour... Le particulier ne décessait de
gindre; pourtant il se démenait moins;
de temps en temps il renaclait comme
un vieux cheval à l'agonie... Je n'i-
gnorais pas qu'il ne pouvait aller loin;
sur cet article, il n'y a pas de médecin f.... pour m'en remontrer; celui
que jai condamné est bien condamné.
Qu'est-ce que je fais? je relève mon
particulier, et le pose sur son séant,
le dos appuyé contre un fauteuil;
pendant qu'il est là, je ferme toutes
les portes, je bouche les trous des
serrures, et, dès que je suis certain
qu'il n'y a pas d'issue, je reviens à

mon homme; je le prends entre mes
genoux, après m'être assis dans le fauteuil, et je tire de ma poche une scie
à voleurs. A ce moment il a encore la
force d'ouvrir les yeux, il me regarde.
Voilà qui est bon, c'était sa grâce
qu'il me demandait, il s'adressait bien.
Je lui réponds : — Si tu as une âme,
c'est actuellement qu'elle va se mon-
trer. Aussitôt, du poignet avec lequel
je le tiens par la tignasse, je lui pen-
che la tête sur ma cuisse, et de l'autre
je lui scie le cou. Durant l'opération,
il criait comme un enragé, et moi, je
reluquais de tous côtés, j'ouvrais des
quinquets comme des portes cochères.
Passera-t-elle, ne passera-t-elle pas ?
Tout-à-coup une chandelle s'éteint,
j'ai entendu voltiger. Je ne suis pas
peureux, mais tu croiras ou tu ne
croiras pas, l'épouvante me gagne, la
scie me tombe des mains, je suis un
moment comme un imbécile ; cependant, je finis par découvrir ce que

c'est. Tu ne devinerais pas de quoi je m'étais donné frayeur : d'un mâtin de papillon qui s'était brûlé les ailes.

L'abbé. Père Guillaume, votre récit me fait mal ; je vous en conjure, changeons de conversation.

Guillaume. Non pas : il faut bien que je te dise l'essentiel. Je ne serai pas long... Je prends le papillon, je le mets sous mon pied et je l'écrase ; alors ayant repris du cœur au ventre, je ramasse ma scie ; cette fois, il n'y a pas à dire mon bel ami, je me remets à la besogne, et petit à petit, à mesure que j'avance, mon individu commence à tourner de l'œil... le râle diminue, ce n'est plus qu'un souffle. Sors donc, âme de chien, sors donc, je suis au poste. Je guette et reguetteras-tu, je n'en vois pas seulement la queue d'une : il n'y avait pas plus d'âme que de beurre sur la main.

L'abbe. O malheureux Guillaume !

à quel degré de perversité êtes-vous parvenu !

GUILLAUME. Je te répète que je n'en ai pas vu la queue d'une. Je m'explique, j'espère, indubitablement.

L'ABBÉ. Mais, impie que vous êtes, l'âme est une émanation de la divinité, elle est invisible comme elle.

GUILLAUME. Avec vous autres, il y a toujours de l'invisible : c'est commode pour se tirer d'affaire.

L'ABBÉ. Combien je vous plains d'être inaccessible aux vérités de notre sainte religion ! Elles apportent tant de calme et de consolation à celui qui a la foi !

GUILLAUME. Ah ça ! tu planches ! Ne crois-tu pas que je me désole ? Oh ! je ne suis pas un cadet à me désoler comme ça... Amène-moi une jeunesse de quinze ans.

Un bruit de clefs s'étant fait entendre, Guillaume s'interrompit pour s'écrier : *Ah ! c'est l'heure où l'on ne peut plus se passer de moi.*

En effet, on venait le chercher ; bientôt l'exécuteur et plusieurs gendarmes parurent.

— Eh bien ! leur dit-il, on m'attend pour la cérémonie : je suis à vos ordres.

Puis se tournant vers le prêtre :

— Tu vas m'accompagner ; quand je recevrai la chiquenaude, ouvre l'œil : si tu vois passer mon âme, tu feras des prières pour elle ; autrement, je t'en dispense.

Le vénérable ecclésiastique ne le quitta pas ; il s'efforçait de le convertir à de meilleurs sentiments, en lui adressant des paroles pleines d'onction et de charité. A tant de marques de cette bonté héroïque, Guillaume ne répondait que par les plaisanteries les plus grossières ou par d'abominables blasphèmes. Le public était révolté d'un tel excès de scélératesse, mais il était en même temps pénétré d'une bien vive admiration pour l'ab-négation fervente du pasteur évangé-lique. Au pied de l'échafaud, cet apô-tre du pardon approcha le crucifix de la figure de Guillaume, qui cracha sur le signe de la rédemption, en di-sant : — C'est de l'onguent miton mitaine ; amène-moi plutôt une fille de quinze ans.

Après ces mots, il monta à l'échelle ; et lorsque sa tête tomba il n'y eut point de compassion ; chacun, au con-traire, s'écriait : — Cette mort est trop douce pour un monstre de cette es-pèce. L'impie fut détesté et sa mémoire maudite ; car l'impiété est odieuse à tous les êtres sensés, et la philosophie lui pardonne peut-être encore moins que la religion.

Il est dans le sort des hommes de capacité d'éveiller l'envie ; elle dirigea

ses traits contre Vidocq, mais la pro-
tection de M. Henry, appréciateur
juste et éclairé de sa conduite, le sou-
tint contre les complots de ses ri-
vaux. Cependant des chagrins d'une
autre espèce venaient augmenter ses
tribulations; son dévoûment à l'intérêt général ne le préservait pas du
mépris qu'inspire la qualité d'agent
secret de la police. En vain se ren-
geait-il du parti des honnêtes gens
contre les artisans du mal, harcelant
sans cesse les brigands sur le théâtre
de leurs forfaits, c'était peu de leur
arracher le poignard dont ils s'étaient
armés; il bravait leur vengeance; et,
obligé souvent de se mêler à leurs
complots pour les déjouer, il était
sans cesse dans l'alternative de les
faire monter sur l'échafaud ou d'y
monter lui-même, car la police est
quelquefois obligée d'abandonner ses
agents, et les tribunaux peuvent les
confondre avec les coupables; et ce-

pendant on le méprisait!... Pour ne pas se dégoûter de ses fonctions, pour braver les préjugés et persévérer dans son abnégation, il eut besoin souvent de se raisonner!... Enfin sa fierté l'emporta, et il osa affronter l'ingratitude, l'iniquité de l'opinion.

Ce fut dans le cours des années 1823 et 1824 que la brigade de sûreté prit son plus grand accroissement; elle avait à surveiller, malgré l'infériorité de son personnel, plus de douze cents libérés des fers, de la réclusion ou des prisons, exécuter annuellement de quatre à cinq cents mandats, tant du préfet que de l'autorité judiciaire; se procurer des renseignements; entreprendre des recherches et des démarches de toutes espèces; faire des rondes de nuit si multipliées, si pénibles pendant l'hiver; assister les commissaires de police à l'entrée des spectacles, aux boulevards, aux barrières, et dans tous les autres lieux de rendez-vous ordinaires des voleurs et des filous.

Enfin Vidocq vieillissait; il fut, en 1828, remplacé par son élève Coco-Lacour, et obtint, pour récompense de ses nombreux services, sa grâce pleine et entière : les lettres en furent dûment entérinées à Douai, en 1829.

Vidocq alors se retira à Saint-Mandé où il fonda une fabrique de papier, et s'occupa de la publication de ses Mémoires. Depuis la révolution de juillet, on assure qu'il a été parfois chargé de missions importantes dont il s'est acquitté avec succès.

FIN